Eifelbildverlag

SVEN NIEDER | CHRISTIAN HUMBERG

HIMMEL ÜBER DEM **EIFELKREIS**

BITBURG-PRÜM

DEN WALD VOR LAUTER BÄUMEN

EINE KLEINE FLUGVORBEREITUNG FÜR IHRE REISE ÜBER DEN EIFELKREIS BITBURG-PRÜM

DER MENSCH IST EIN GEWOHNHEITSTIER. Selbst das Beeindruckendste kann uns mit der Zeit alltäglich, die Ausnahme von uns irgendwann als Normalität empfunden werden. Das Auge – und das Hirn – stumpft auf Dauer ab, und irgendwann sehen wir den Wald vor lauter Bäumen nicht mehr, erkennen das Schöne nicht länger, das uns umgibt. Fragen Sie mal einen alten Küstenbewohner, ob ihn das Meer nach all den Jahren noch immer mit Ehrfurcht erfüllt. Fragen Sie einen Piloten, ob er noch staunen kann.

Sven Nieder staunt. Mit den Mitteln der Fotografie und dem Auge des Künstlers zeigt er uns die Welt, die uns umgibt, und die wir so schon viel zu lange nicht mehr wahrgenommen haben – vielleicht sogar noch nie. Sein Trick? Die Perspektive.

WILLKOMMEN IN »Himmel über dem Eifelkreis Bitburg-Prüm«. Schnallen Sie sich ruhig schon einmal an, wir erhalten bald Startfreigabe aus dem Tower. Und wir versprechen: Auf der visuellen Reise, die dieses Buch Ihnen sein möchte, werden Sie eine ganze Region neu kennenlernen – selbst wenn Sie sie bereits besucht haben oder seit Jahrzehnten in ihr leben. Nieder verbrachte für dieses Buch unzählige Flugstunden im Luftraum über Bitburg, Prüm und den anderen Gemeinden dieses Landstrichs, blickte von oben auf Felder und Hügel, Flüsse und Täler hinab. Zweierlei nahm er dazu mit: seine Kamera und Geduld. Er wollte besondere Momente festhalten und ließ der Natur die nötige Zeit, sie ihm zu präsentieren – etwa den Sonnenaufgang über Kyllburg, die Landung eines Flugzeugs auf der Spangdahlem Air Base, das Spiel von Licht und Schatten an der Burg Schönecken, den märchenhaft wirkenden Frühnebel über Waxweiler. Jede der auf diese Weise entstandenen Momentaufnahmen ist kraftvoll und interessant, erlaubt uns eine neue Sicht auf vielleicht vertraute Motive. In ihrer Gesamtheit präsentieren sie uns die Region in all ihren Facetten.

VOM MASS DER ENTSCHLEUNIGUNG

DER EIFELKREIS BITBURG-PRÜM zeigt uns in seinem Wappen das rote Kreuz des Trierer Kurfürstentums, den Turm der Propstei und Stadt Bitburg, das Lamm und die Fahne der Fürstabtei Prüm und verweist in Form der silbernen und blauen Streifen im unteren rechten Viertel sogar auf das benachbarte Großherzogtum Luxemburg, zu dem ein Teil des Kreises einst gehörte. Dieses Wappen erzählt dem Betrachter von der Geschichte des ganzen Landstrichs – denn die hat es in sich.

Bitburg-Prüm gilt als flächenmäßig größter Landkreis in ganz Rheinland-Pfalz und zählt zu einer der – historisch betrachtet – ärmsten und wohl interessantesten Regionen Deutschlands. Sie müssen nämlich wissen: Diese Eifel, über die wir gleich gemeinsam reisen werden, hatte es in ihrer Vergangenheit nicht gerade leicht. Auch wenn man sich in Kyllburg noch heute vom Besuch Kaiser Wilhelms II. im Jahr 1911 erzählt, steht außer Frage, dass die Obrigkeit ihr abfällig »preußisch Sibirien« genanntes Grenzgebiet nicht nur unter dem reformunwilligen alten Preußen gern am ausgestreckten Arm verhungern ließ. Vergangene Regierende maßen dem dicht bewaldeten Mittelgebirge maximal militärische Bedeutung bei. In Folge lebten die Eifelaner jahrhundertelang fast ausschließlich von ihrer Landwirtschaft, galten als chronisch unterernährt. Was unter den Römern ein bedeutender Wirtschaftsstandort gewesen sein muss – wie unter anderem die durch »Beda« Bitburg führende Römerstraße Trier – Köln belegt –, verkam zur vergessenen, dünn besiedelten Provinz.

MISSING THE FOREST FOR THE TREES

SOME SHORT GUIDELINES FOR YOUR VOYAGE ABOVE EIFELKREIS BITBURG-PRÜM

WE'RE ALL CREATURES OF HABIT. No matter how impressive things may be, with time we start considering even the exceptional to be normal. The eye – and the brain – gets tired. Suddenly we cannot see the forest for the trees and are no longer able to appreciate the beauty surrounding us. Just ask any old coast dweller if the vast ocean still fills him with awe. Ask experienced aircraft pilots if they still feel amazed.

Sven Nieder can, and he shows us how. Using photography and art, he shows us the world we live in – but in a way we have not seen it for quite a long time, if ever. How? Through an amazing perspective.

WELCOME TO "Himmel über dem Eifelkreis Bitburg-Prüm" (The Sky above Eifelkreis Bitburg-Prüm). Fasten your seatbelts, we're just waiting to hear from the tower. You are about to embark on a visual voyage, captured on the pages of this book. We promise: you will get to know a whole region of Germany – no matter whether you've never been there or have been living there for decades.

Nieder spent countless hours in the sky above Bitburg, Prüm and the region's other towns, collecting images for this volume. He saw fields and hills, rivers and valleys, and all he had with him were two things: his camera and patience. He wanted to capture special moments, and he allowed nature the time to create them: the sunrise above Kyllburg, an airplane touching down at Spangdahlem Air Base, the exchange of light and shadows near Schönecken Castle, the fog above Waxweiler looking like something straight out of a fairy tale. Each one of the pictures allows us to see in a very new way things we might be familiar with. Seen together, they show us the Eifelkreis in all its facets.

Diese Erfahrungen härteten die Bewohner des Landstrichs ab. Eifelaner wirkten nach außen hin bald wie misstrauische Gesellen, verschwiegen und skeptisch. Wer über Generationen Spielball der Mächtigen gewesen ist, prüft eben fortan ganz genau, von wem er sich noch etwas sagen lässt. Denn er weiß, dass mit der Zeit neue Befehlshaber kommen, aber eben auch wieder gehen und ihre individuellen Meinungen mitnehmen werden. Von dieser wechselhaften Geschichte erzählt im Eifelkreis Bitburg-Prüm nicht zuletzt noch der Westwall, ein abstruses und größenwahnsinniges Bauwerk, das sich heute noch hunderte Kilometer durch die Landschaft zieht und als Mahnmal an eine schreckliche Vergangenheit erinnert.

Aus all diesen Entwicklungen kam der Eifelaner gestärkt hervor, bauernschlau. Und heute lebt der Landstrich auf dem Fundament jener Tage. Er ist eine moderne Region geworden, verbindet gekonnt die Neuzeit mit der Tradition. Allein im Eifelkreis Bitburg-Prüm mit seinen sieben Verbandsgemeinden wohnen heute vierundneunzigtausend Menschen, finden wir zweihundertfünfunddreißig Gemeinden unterschiedlichster Größe. Es ist eine facettenreiche Gegend, vielschichtig und voller lohnenswerter Entdeckungen – wie auch die Aufnahmen dieses Buches zeigen. Kirchtürme und Burgzinnen ragen aus waldumrahmten Ortschaften hervor, in den Tälern spiegelt sich das Licht auf gewundenen Bachläufen. Mähmaschinen rattern an Solaranlagen vorbei, moderne Loks an denkmalgeschützten Sandsteinbahnhöfen.

Überhaupt verdanken Kreis und Region der Schiene eine ganze Menge. Mit der Einführung der Bahn im Jahr 1862 konnte auch der Fortschritt die Eifel für sich erobern. Durch schnelle Verkehrsverbindungen, etwa zur Kölner Bucht und zum Niederrhein, wurde die Eifel wieder industrieller und schließlich auch touristisch interessant. Auf dieser Basis

LIVING MORE SLOWLY

THE COAT OF ARMS of Eifelkreis Bitburg-Prüm consists of the red cross of the Electorate of Trier, the tower of priory and city of Bitburg as well as the lamb and flag of Prüm Abbey. The silver and blue stripes in the lower right quarter even allude to neighboring Grand Duchy of Luxembourg, which once owned parts of the region. This coat of arms tells us about the local history.

In size, Bitburg-Prüm is the largest administrative district in Rhineland-Palatinate. It counts among the most interesting – and, when seen historically, poorest – regions in all of Germany. This Eifel we are about to fly over together had quite a difficult past. In Kyllburg they still talk about Emperor Wilhelm II visiting back in 1911, but they also know that past governments didn't care about the border region at all. "Prussian Siberia," they called it and pretty much left it to starve. This heavily forested part of the Central German Uplands had only military relevance to them. Thus, the locals (Eifelaner) spent the centuries living off their land and farms. What had been a valued economical area during the Roman days – just look at the Roman street still leading through "Beda" Bitburg – turned into a forgotten and sparsely populated nowhere land.

These hardships left their marks on the local population. To others, Eifelaner seemed to be leery folks, tight-lipped and sceptical. After generations of having been a pawn in the hands of the powerful, they gave their trust and their loyalty very carefully. They had learned that every ruler has an end date and that new governments will always bring new opinions.

The Westwall or Siegfried Line is one of many landmarks in Eifelkreis, that still remind us of the region's checkered and sometimes terrible history. Hundreds of kilometres long, this monument of megalomania has turned into a symbol for peace.

Thanks to these experiences, the Eifelaner of modern times is a strong and clever individual. The region thrives upon its past foundations, combining modern times with tradition. Today Eifelkreis Bitburg-Prüm with its seven associations of municipalities is home to 94.000 people living in 235 localities of various sizes. It's a region of many facets, multi-layered and full of rewarding discoveries – as the pictures in this book prove. Church and castle towers rise above forest villages, sunlight reflects on winding rivers. Crop-cutting machines rattle past vast solar arrays, modern locomotives pass heritage-protected train stations built with sandstone.

Eifelkreis and its region owe the railroad quite a lot, actually. The first trains came in 1862, and with them came progress. Thanks to the rails, the Eifel became much more industrial and learned to work with and for industries in Cologne and on the Lower Rhine. Trains brought visitors, suddenly turning the once forgotten region into a tourist destination.

That's the ground on which the Eifel still stands today. Many medium-sized enterprises – industrial, trade, service – use this ground to take roots. Being a member of "Zukunftsinitiative Eifel", a multi-regional economical association, Eifelkreis Bitburg-Prüm does its best to keep it this way. The Eifel, as they say in Germany's most western district administration, has to keep moving – but moderately. It is and shall stay a region of slow movement. And, no, that's not a flaw. It's a forte!

VASTNESS

NATURE IS a very important factor in Eifelkreis Bitburg-Prüm – and of great relevance to the region's diversity. Eifelkreis is situated in the south of the Central German Uplands and hosts the Schwarzer Mann,

steht sie bis in die Gegenwart und bietet vielen mittelständischen Betrieben aus Industrie, Handwerk, Gewerbe und Dienstleistung den Boden, in den diese ihre Wurzeln schlagen dürfen. Und als Teil der »Zukunftsinitiative Eifel«, einer überregionalen Vereinigung zur Wirtschaftsstärkung, engagiert sich nicht zuletzt der Eifelkreis Bitburg-Prüm nachhaltig dafür, dass dem auch so bleibt. Die Eifel, so sagt man nicht zuletzt in Deutschlands westlichster Kreisverwaltung, soll nicht einfrieren, sondern sich entwickeln, allerdings in einem maßtauglichen Rahmen. Eifel ist, lebt und bleibt eben auch Entschleunigung. Das ist eine ihrer großen Stärken.

GRENZENLOS

AUCH DIE NATUR präsentiert sich im Kreisgebiet und der Region als abwechslungsreicher Raum mit hoher Lebensqualität. Als südlicher Teil des Mittelgebirges finden wir im Eifelkreis den Schwarzen Mann, ein beliebtes Wander- und Wintersportgebiet, und das sandsteinhaltige Ferschweiler Plateau, den Schiefergebirgssockel des Isleks und die Hügel des Bitburger Gutlands mit seinen ertragreichen Böden. Dreißig Prozent der 1.626 Quadratkilometer Kreisfläche Bitburg-Prüms sind bis heute von Wald bedeckt.

Zu seinen direkten Nachbarn zählen die Landkreise Vulkaneifel, Euskirchen und Bernkastel-Wittlich, im Südosten Trier-Saarburg, aber auch – mit insgesamt einhundertsechsunddreißig Kilometern Grenzlinie – das Königreich Belgien und das Großherzogtum Luxemburg. Die Natur des Eifelkreises achtet allerdings nicht auf derlei Grenzen – der Naturpark Südeifel gilt als erster grenzüberschreitender Naturpark Europas –, und für die Bewohner der Region ist der Ausflug zu den Freunden im Ausland ebenfalls »nur natürlich«.

Auch das kann historische Wurzeln haben. Nach langer Phase der politischen Zersplitterung, kam um die Wende zum neunzehnten Jahrhundert so etwas wie eine neue Struktur in den heutigen Eifelkreis. 1816, so wissen die Chronisten, entstanden die Kreise Bitburg und Prüm als Teile des Regierungsbezirks Trier, ab 1946 zudem des Bundeslands Rheinland-Pfalz. Die Gebietsreform vom 7. November 1970 fügte die beiden einzelnen Kreise dann zusammen, strukturierte gewissermaßen abermals neu, und seit Januar 2007 stellt sich das Gebiet mit dem stolzen Namen »Eifelkreis« der Zukunft.

Die hat in Bitburg-Prüm übrigens längst angefangen. Insbesondere im Bereich der erneuerbaren Energien ist der Kreis bundesweit ein absoluter Vorreiter. Dank Sonne, Wasserkraft, Wind und Biomasse erzeugt er bereits heute mehr Energie, als er allein verbrauchen kann. Touristen aus Nah und Fern finden in ihm beliebte Ausflugsziele und die nötige Erholung – egal, ob sie die Gegend zu Fuß, auf dem Rad, auf Schiene oder Straße erfahren.

ROTER FADEN HEIMAT

FOTOGRAF SVEN NIEDER weiß all das – und staunt trotzdem. Etwa anderthalb Jahre lang zog es ihn zahlreiche Male in den Himmel über Bitburg-Prüm. Nieder flog dazu mit einem Gyrocopter, dem »Motorrad der Lüfte«, weil er sich in diesem Niedriggeschwindigkeitsgefährt besonders gut auf das Land unter sich konzentrieren konnte. Von oben suchten er und das Auge seiner Kamera wieder und wieder nach dem perfekten Moment. Und in seinen hier versammelten Luftbildern des Eifelkreises betrachtet er eine Region seiner Heimat ganz neu.

a popular hiking and skiing destination, as well as the Ferschweiler Plateau with its sandstone, the Islek with its slate mountains and the fertile hills of Bitburger Gutland. Bitburg-Prüm measures 1.626 square kilometres in size, thirty percent of which are still covered with forests.

Its neighbors are the districts Vulkaneifel, Euskirchen, Bernkastel-Wittlich and Trier-Saarburg as well as – with 136 kilometres of borderline – Belgium and the Grand Duchy of Luxembourg. Yet nature doesn't seem to care about borders: Nature park Südeifel is said to be Europe's first transnational park of its kind, and the locals consider it just as "natural" to visit their friends across the demarcation line.

There might be historical reasons for this, too. After a long phase of political fragmentation, the 19th century brought new order to what is now the Eifelkreis. In 1816 the districts Bitburg and Prüm were created. They were part of "Regierungsbezirk" Trier, joined Rhineland-Palatinate in 1946. Following a reorganization of local government, the two districts merged on November 7, 1970. Since 2007 the region carries the proud name "Eifelkreis" into the future.

It's a future which has already begun in Bitburg-Prüm. This region is a pioneer in the field of renewable energies. Thanks to the sun, the wind and to biomass, Eifelkreis produces more energy that it needs. Tourists from near and far come and visit its popular landmarks, find places to relax, to hike, to cycle and to drive.

A GOLDEN THREAD CALLED HOME

PHOTO ARTIST SVEN NIEDER knows all this, but his amazement remains. For almost eighteen months he took off into the skies above Bitburg-Prüm.

»Im Zeitalter der Globalisierung werden geografische Wurzeln wieder bedeutsamer«, glaubt der auch international sehr aktive Künstler. Seine liegen in der Region, die er hier mit der Kamera festhält, und das Thema Heimat zieht sich wie ein roter Faden bereits durch viele frühere Arbeiten aus seiner Karriere. Es ist für ihn immer auch ein Stück weit Beschäftigung mit und Reflexion über sich selbst, inhaltlich wie bildästhetisch. Als ich ihn zum Gespräch treffe und ihn frage, wie er Heimat definieren würde, sucht Sven Nieder lange vergeblich nach Worten. Heimat, so gesteht er schließlich, sei für ihn weit mehr ein Gefühl als ein erklär- und beschreibbarer Begriff.

Ich finde, das sieht man den hier versammelten Aufnahmen an. Nieders Fotos beschreiben nicht, illustrieren nicht – sie machen ihre Motive lebendig. Ob wir auf die Prümer Abtei herunterblicken oder das Fließemer UFO, auf den Wald bei Oberweiler oder den Burbacher Golfplatz, wir dürfen stets miterfühlen, was den Fotografen zu dem jeweiligen Bild und dem bewusst ungewöhnlichen Blickwinkel inspirierte. Weil diese Aufnahmen – und ihre Präsentation in »Himmel über dem Eifelkreis« – immer auch ein Stück Liebeserklärung sind.

Verlieben Sie sich mit! Blättern Sie um und heben Sie mit uns ab in den Himmel über dem Eifelkreis. Die Rotoren unseres Fluggeräts drehen sich bereits, die Sicht ist klar und das Wetter bestens. Auf der Reise durch dieses Buch erwarten Sie einige faszinierende Überraschungen und, ganz wie von seinen Machern beabsichtigt, neue Einblicke in eine höchst lebendige Region – in den Wald, wenn Sie so wollen, und nicht die Bäume.

GUTEN FLUG!

CHRISTIAN HUMBERG, Oktober 2013

Nieder flew by Gyrocopter, the "motor bike of the skies", since this vehicle allowed him to concentrate on the landscape below. He and his camera lens searched the land, waiting for perfect moments. In the aerial images collected for this book, Nieder rediscovers the region he calls home.

"Although we live in an age of globalization," the internationally active artist Nieder believes, "our geographical roots gain more and more importance." His own roots are right here, and home is a theme which runs through his work like a golden thread. In content and in visuals, Nieder looks at himself, when he looks at his home. During one of our meetings for this book I asked him for his personal definition of the term. He couldn't say. Home, he finally admitted, was a feeling, not something one could put in descriptive words.

I think this shows in the pictures you're about to see. Nieder's images do not describe or illustrate, they animate their subjects. Whether we see Prüm Abbey or the UFO near Fliessem, the forest of Oberweiler or the Golf Resort in Burbach, we can always feel what inspired the photographer to the individual picture. We understand what made him choose his unique perspective. Why? Well, each of these images – and their presentation in "Himmel über dem Eifelkreis" – are a declaration of love.

Let's fall in love, shall we? Just turn the page and come with us into the skies above Eifelkreis. Our aircraft is warming up, the sky is clear, the weather perfect. The voyage this book offers you will be a fascinating one, full of surprises. It will give you a whole new perspective on a very vital region. This we promise. You will get to see the forest, so to speak, not just the trees.

HAVE A PLEASANT FLIGHT!

CHRISTIAN HUMBERG, *October 2013*

BITBURG

DIE KREISSTADT BITBURG liegt nah an Trier und dem Großherzogtum Luxemburg. Sie hat eine bewegte Geschichte. Römer, Preußen, Franzosen, Luxemburger – die Liste derer, die sich zeitweilig in dieser von den Römern noch »Beda« genannten Stadt niederließen, ist lang, und manche Spuren dieser einstigen Bewohner sind noch heute ersichtlich. Doch Bitburg ist viel mehr als die Summe seiner Historie. Nach dem Zweiten Weltkrieg noch zur »toten Stadt« erklärt, präsentiert es sich heute quicklebendig und voller Ideen. Als ein Mittelzentrum des Eifelkreises kann es mit vielfältigen Handels- und Dienstleistungsangeboten aufwarten. Sogar Mondspaziergänger Buzz Aldrin und US-Präsident Ronald Reagan hinterließen hier Spuren. Zu Bitburgs weit über die Regionsgrenzen hinaus bekannten Wahrzeichen zählen unter anderem die Brauerei und das Fritz-von-Wille-Museum mit der größten Sammlung von Werken des Eifelmalers.

BITBURG, capital of the Eifelkreis Bitburg-Prüm, is situated near Trier and the Grand Duchy of Luxembourg. Romans, Prussians, French and Luxembourgers – the list of powers that once settled in this place is long. Some of the traces of those settlers can still be seen today. Yet Bitburg – or "Beda", as the Romans called it – is far more than the sum of it's history. What was labelled a "dead city" after the Second World War presents itself today as a very lively and creative place. Being a "Mittelzentrum" in the Eifelkreis, Bitburg has a diverse community of commerce and service enterprises. Even Moonwalker Buzz Aldrin and US president Ronald Reagan have left their footprints in this city. The brewery and the Fritz-von-Wille-Museum, collecting the works of the famous Eifel painter, are just two of its many landmarks.

← DAS MARIENHAUS KLINIKUM EIFEL mit angrenzendem Ärztehaus in Bitburgs Innenstadt. Die Anfänge der heutigen Einrichtung liegen im vierzehnten Jahrhundert.

← MARIENHAUS HOSPITAL and medical center in Bitburg. The hospital's roots date back to the 14th century.

DIE RÖMERSTRASSE Trier – Köln war Teilstück des einstigen Straßennetzes Via Agrippa und ist in Bitburg bis heute deutlich erkennbar. ↓↓

THE ROMAN STREET between Trier and Cologne was part of Via Agrippa, a huge system of roads. Its mark on Bitburg can still be seen today. ↓↓

BITBURGS LIEBFRAUENKIRCHE, vermutlich auf dem Platz einer vorchristlichen Kultstätte errichtet, verbindet architektonische Einflüsse mehrerer früherer Bauwerke. ↓

BITBURG'S LIEBFRAUENKIRCHE, presumably built on the site of a pre-christian place of worship, combines the architectural influences of several earlier buildings. ↓

DIE TRIERER STRASSE zählt zu den wichtigsten und beliebtesten Einkaufszielen in Bitburg. ↓

TRIERER STRASSE is one of the most important and popular shopping destinations in Bitburg. ↓

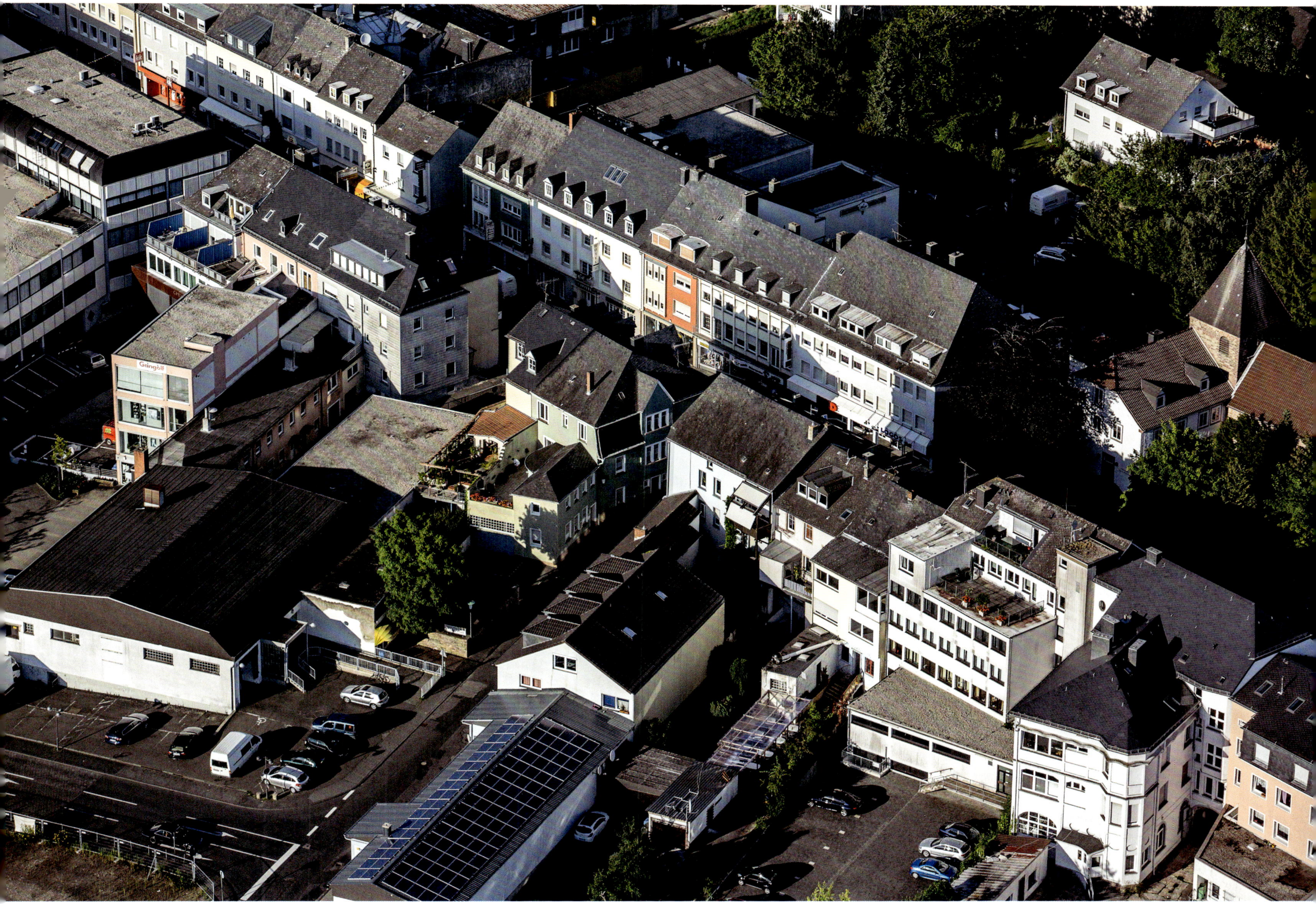

Bitburger Pils

← DIE BITBURGER BRAUEREI wurde 1817 gegründet und braut seit 1883 nach Pilsner Art. Sie zählt zu den Wahrzeichen der Stadt und trägt ihren Namen in die ganze Welt hinaus.

← BITBURG'S BREWERY was founded in 1817 and produces Pilsner beer since 1883. It counts among the city's landmarks and carries the name Bitburg out into the world.

AUCH DIE MARKEN-ERLEBNISWELT der Bitburger Brauerei zieht jährlich zigtausende Interessierte in den Eifelkreis. →

EVERY YEAR, the brewery's "Marken-Erlebnis-welt" brings many thousand beer fans into the city and the region. →

DIE AMERIKANISCHE ARMEESIEDLUNG Bitburg Housing ist eine Stadt in der Stadt. Nach und nach soll das bislang noch von der Armee bewohnte Gelände zivil genutzt werden. ↓

THE ARMY SETTLEMENT Bitburg Housing is like a little city inside the city. The US army uses the area, but wants to move out in the coming years. ↓

DIE WELLENFÖRMIGEN BAUTEN des Europäischen Berufsbildungswerks in Bitburg gehen auf die Architekten Günter Behnisch & Partner zurück, die bereits den Münchner Olympiapark mitentwickelten. ↓

THE WAVE-SHAPED BUILDINGS of the European Vocational Training Centre in Bitburg are the brainchild of architects Günter Behnisch & Partners, who also developed the Olympic Park in Munich. ↓

← DER HEUTIGE Flughafen Bitburgs war während des Kalten Krieges ein wichtiger Militärflugplatz der amerikanischen Air Force und wurde 1952 eröffnet.

← DURING the cold war, Bitburg Airport was an important US Air Base. It was founded in 1952.

DIE FATIMAKAPELLE RÖHL, etwa fünf Kilometer südöstlich der Kreisstadt gelegen, wurde am 8. Dezember 1957 eingeweiht und 1970 sowie 2004 saniert und umgebaut. →

RÖHL'S FATIMA CHAPEL, situated approximately five kilometers south-east of Bitburg, was consecrated on December 8, 1957. Repairs and additional works were conducted in 1970 and 2004. →

← AUCH DIE ERNEUERBAREN ENERGIEN sind ein wichtiger Faktor im Alltag der Eifelaner. »Spargel« wie dieser finden sich an mehreren Orten der gesamten Region.

← RENEWABLE ENERGIES are an important factor in the everyday life of the Eifel population. One can find these "giant asparagus" all over the region.

DOCH AUCH DIE SONNE spendet dem Eifelkreis Energie. Bitburg-Prüm erzeugt bereits heute mehr Strom aus erneuerbaren Energien, als er allein verbrauchen kann. →

THE EIFELKREIS uses the sun as a source of energy. Thanks to the wind and the sunshine, Bitburg-Prüm already produces more electricity than it needs. →

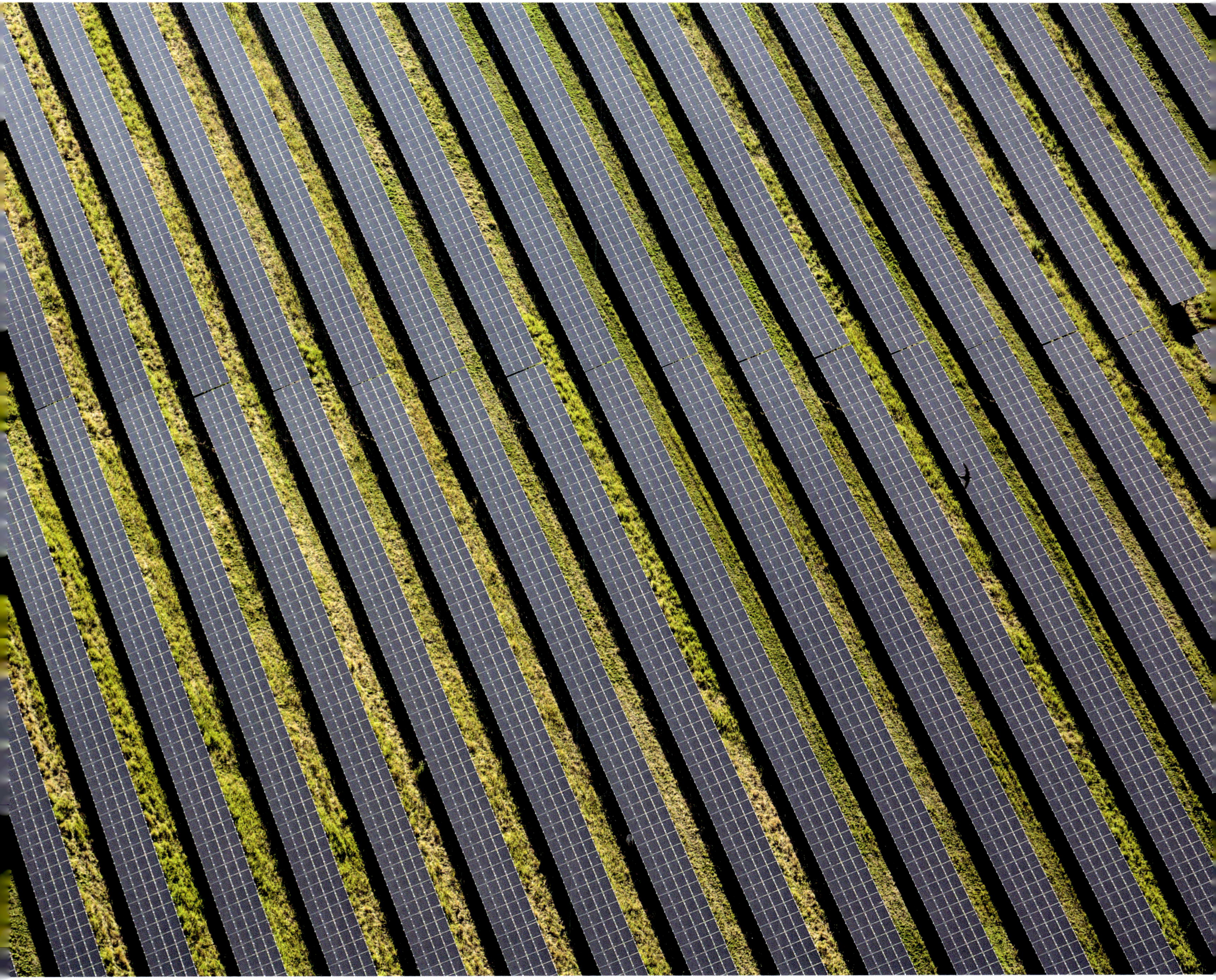

↑↑ BITBURG-ERDORF mit dem historischen Bahnhof und der neugotischen katholischen Pfarrkirche St. Laurentius.

↑↑ BITBURG-ERDORF with the historical train station and with St. Laurentius, a catholic church built in neo-Gothic style.

← GONDORF mit dem 1964 gegründeten ↓ Wild- und Freizeitpark. Im Hintergrund präsentieren sich Metterich und Dudeldorf dem Betrachter.

← GONDORF with its ↓ Eifelpark, founded in 1964. In the background one can also see Metterich and Dudeldorf.

↑↑ MORGENNEBEL über Dudeldorf. Viele Eifelsagen ranken sich um den Ort, dessen Gebiet bereits in der Steinzeit besiedelt war.

↑↑ EARLY MORNING fog above Dudeldorf. Many mystical stories revolve around this town. Early settlements of the area date back to the stone age.

BLICK ÜBER das Jugendhilfezentrum Don Bosco Helenenberg in den Eifelkreis. Im Hintergrund erkennt man u.a. Eisenach und Irrel. ↓

VIEW OVER the Jugendhilfezentrum Don Bosco Helenenberg into the Eifelkreis. In the background one can see Eisenach and Irrel. ↓

DER ORTSTEIL HELENENBERG gehört zur Gemeinde Welschbillig im benachbarten Landkreis Trier-Saarburg. ↓

HELENENBERG is a district of Welschbillig, a municipality of neighboring Landkreis Trier-Saarburg. ↓

FARBENFROH zeigen sich Wald und Felder rings um Bettingen. Die Gemeinde am Ufer der Prüm wurde 1319 erstmals urkundlich erwähnt. ↓

COLORFUL FIELDS and forests around Bettingen. The first documented mentioning of this village on the banks of the Prüm dates back to 1319. ↓

FLIESSEM aus der Verbandsgemeinde Bitburg-Land feierte 2004 bereits sein 1200-jähriges Bestehen. ↓

FLIESSEM is part of the Verbandsgemeinde Bitburg-Land. It celebrated its 1200th birthday in 2004. ↓

↖↖ KARTOFFELERNTE in der Verbandsgemeinde Bitburg. Viele alte Rezepte künden noch heute von der Bedeutung dieses Nahrungsmittels für die gesamte Region.

↗↗ DAS GEBIET des heutigen Oberweis war vermutlich schon vor Christus besiedelt.

RITTERSDORF liegt im Nimstal und ist bis heute auch landwirtschaftlich geprägt. ↓

↖↖ A POTATO FIELD in Verbandsgemeinde Bitburg. Many old recipes can attest to the importance of potatoes for the regional cuisine.

↗↗ EARLY SETTLEMENTS in the area of Oberweis presumably date back to the time before Christ.

AGRICULTURE is still one of the distinctive features of Rittersdorf and its region. ↓

DIE FAST QUADRATISCHE BURGANLAGE der Wasserburg Rittersdorf mit dem sechsundzwanzig Meter hohen Bergfried. ↓

MOATED CASTLE Rittersdorf. The keep of the almost square-shaped castle complex is 26 meters high. ↓

DIE VILLA OTRANG in Fließem gilt als bedeutendstes Zeugnis römischer Kultur in der Region.

VILLA OTRANG in Fliessem is the most valued archaeological evidence of the region's Roman heritage.

DAS FLIESSEMER UFO, anfangs ein Streitobjekt, ist heute selbst zur Sehenswürdigkeit geworden.

THE UFO near Fliessem was once an object of dispute. Now it has almost become another one of the region's many landmarks.

LUFTIGER BLICK in Richtung Fließem, Nattenheim und Bitburg.

AERIAL VIEW towards Fliessem, Nattenheim and Bitburg.

←↓ DAS GOLF-RESORT Bitburger Land gehört zur Gemeinde Wißmannsdorf und fügt sich sehr harmonisch in das Landbild ein. Touristische Betriebe wie dieser locken alljährlich zahlreiche Besucher aus nah und fern in den Eifelkreis.

←↓ SEEN FROM ABOVE, the Golf-Resort Bitburger Land in Wissmannsdorf looks very much like an organic part of the region's varied landscape. Each year, tourist attractions like the Golf-Resort bring many visitors to the Eifelkreis.

← DER ERHOLUNGSORT Biersdorf am See ist ein beliebtes Urlaubs- und Ausflugsziel im Naturpark Südeifel.

← BIERSDORF am See is another popular tourist destination in the nature park Südeifel.

DER STAUSEE Bitburg ist ungefähr zwei Kilometer lang und bis zu neun Meter tief. Der fünfzehn Meter hohe Damm dient dem Hochwasserschutz. →

THE LAKE is approx. two kilometers long and up to nine meters deep. The embankment dam itself is fifteen meters high and protects the region from floods. →

← AM UFER des Stausees Bitburg lassen sich bei schönem Wetter wundervolle Stunden verbringen.

← ON THE SHORE of Bitburg's artificial lake one can spend many wonderful hours.

← DIE GEMEINDE HAMM liegt im Tal der Prüm, umgeben von dichten Eifelwäldern. Sie zählt zu den kleinsten Ortschaften in Rheinland-Pfalz.

← HAMM lies in the valley of the river Prüm and is surrounded by typical Eifel forests. Hamm is considered to be one of the smallest settlements in Rhineland-Palatinate.

SCHLOSS HAMM ist eine mittelalterliche Wehranlage und gilt heute als älteste der noch immer bewohnten Eifelburgen. →

MEDIEVAL HAMM CASTLE counts among the largest of the whole region. →

↑↑ SCHON VON WEITEM sieht der Betrachter die Spitzen der Prümer Basilika über den Eifler Wald ragen. Unverkennbar wie etwa der Kölner Dom, zeugen sie von der historischen Bedeutung der Stadt.

↑↑ PRÜM ABBEY can be seen from afar. The steeples rising above the woods are as recognizable as those of Colone Cathedral and remind us of Prüm's history.

PRÜM

IN DER WALDSTADT PRÜM, Sitz der im Herzen des Prümer Landes gelegenen Verbandsgemeinde, hört man das Leben rauschen – und zwar nicht nur am Flusslauf. Diesem verdanken Stadt und Land übrigens ihren Namen, geht das Wort »Prüm« doch auf das keltische »briman«, rauschen, zurück.

Prüms Geschichte ist so wendungsreich wie das Bett des gleichnamigen Flusses. Franzosen und Preußen leiteten zeitweise ihre Geschicke, Kriege setzten ihr arg zu. Als am Abend des 15. Juli 1949 ein im nordwestlich der Stadt gelegenen Kalvarienberg untergebrachtes Munitionslager explodierte, nahm die während des Zweiten Weltkriegs durch Luft- und Bodenangriffe zu weiten Teilen zerstörte Ortschaft erneut großen Schaden. Knapp eintausend Einwohner verloren durch die Explosion ihre Behausungen, die Zahl der Toten blieb jedoch gering.

Das heutige Prüm ist eine moderne, lebhafte Stadt mit Zukunft und Tradition – und nicht nur während des »Prümer Sommers« einen Besuch wert.

IN FOREST CITY PRÜM, seat of the Verbandsgemeinde and situated right in the heart of the Prümer Land, one can hear the soft murmur of the river carrying its name – and of life itself. The name Prüm goes back to the celtic word "briman", which means murmur.

And Prüm's history winds like the river. The area, once governed by the French and the Prussians, suffered from many wars. The town kept suffering when ammunition dump Kalvarienberg suddenly exploded in the evening of July 15, 1949. That night, almost a thousand people lost their homes, some even their lives, only a few years after the final aerial assaults of the Second World War.

Today, Prüm is a modern and lively city with both a future and tradition, and not just during the months of the famous festival "Prümer Sommer."

← DIE ABTEI PRÜM wurde im Jahr 721 gegründet. Ihre Sankt-Salvator-Basilika, errichtet zwischen 1721 und 1730, ist in barocker Form und mit im Kylltal gewonnenem Buntsandstein gebaut. Zu den Reliquien des Gotteshauses zählen angeblich Partikel der Sandalen Christi. →

← PRÜM ABBEY was founded in 721. The three-aisled basilica St. Salvator was built between 1721 and 1730. It is shaped in baroque style and made with colored sandstone from the valley of the river Kyll. Among the church's venerable relics are pieces of what are supposedly Christ's sandals. →

DAS KONVIKT PRÜM in der Kalvarienbergstraße beherbergt unterschiedliche Vereine, Verbände und Einrichtungen. ↓

KONVIKT PRÜM in Kalvarienbergstraße is home of many different associations and organizations. ↓

IN DEN KLÖSTERLICHEN ANLAGEN Niederprüms ist heute eine von den Vinzentinern geführte Schule untergebracht. ↓

THE MONASTERY complex in Niederprüm is home of a school led by Vincentians. ↓

NATURPARK Hohes Venn-Eifel und der Schwarze Mann. →

NATURE PARK Hohes Venn-Eifel and Schwarzer Mann. →

DER SCHWARZE MANN liegt im Westen der Eifel und im Naturpark Hohes Venn. Sein Name geht angeblich auf die Gesichter der Bergleute zurück, die im Bergwerk von Bleialf arbeiteten. Mit seinen knapp siebenhundert Metern Höhe hat sich der dritthöchste Gipfel der Eifel zum beliebten Wintersportgebiet entwickelt. ↓

SCHWARZER MANN is the third highest mountain in the Eifel and situated in the nature park Hohes Venn, in the region's western part. The name Schwarzer Mann refers to the dirty faces of the miners working in Bleialf. Today, Schwarzer Mann is a well-developed skiing area. ↓

↑↑ WER durch die Eifel will, braucht Straßen – und gelegentlich eine Brücke (im Bild: Prümtalbrücke).

PRÜM AIR STATION war eine US-Radarstation und wurde in den 1950er Jahren errichtet. Heute steht sie leer. ↓

↑↑ ONE needs a road – and sometimes a bridge like Prümtalbrücke – to travel through the Eifel.

FORMER PRÜM AIR STATION was a radar station of the US army and founded in the 1950s. The place is empty now. ↓

DIE GEMEINDE BÜDESHEIM liegt am östlichen Rand der Prümer Kalkmulde und ist von weiten Feldern umgeben. ↓

BÜDESHEIM IS situated in the east of the Prümer Kalkmulde and surrounded by vast fields. ↓

↑↑ BLICK ÜBER WALLERSHEIM in den Naturpark Nordeifel. Insbesondere die siebzehn Wegkreuze und Bildstöcke in und um Wallersheim sind beliebte Wanderziele.

↑↑ VIEW OVER WALLERSHEIM into the nature park Eifel. The seventeen wayside crosses and shrines surrounding Wallersheim are popular hiking destinations.

IM GEBIET des heutigen Schöneckens siedelten bereits die Kelten. Der alte Ortskern mit seinen teils mittelalterlichen Gebäuden ist ein echter Blickfang. →

THE AREA in and around Schönecken was first settled by the Celts. The town's historical center with its many medieval buildings is always worth a visit. →

DIE RUINE der Burg Schönecken, einer sogenannten Höhenburg, ist ringsum von Eifelbergen umgeben. ↓

THE RUINS of Schönecken Castle, a so-called hill castle, are still a tourist attraction. ↓

WEGKAPELLE Sankt Matthias bei Nimsreuland. ↓

ROADSIDE CHAPEL St. Matthias near Nimsreuland. ↓

BEWALDETE HÜGEL nahe Winterscheid. Die kleine Gemeinde liegt dicht an der Grenze zum Nachbarland Belgien. ↓

TREE-COVERED HILLS near Winterscheid. The little village lies very close to neighboring country of Belgium. ↓

←↓ DER EIFELKREIS BITBURG-PRÜM ist grenznah. Dennoch haben Grenzen in ihm weit weniger Bedeutung, als man denkt. Nicht nur schert sich die Natur wenig um politische Trennlinien, wie diese Aufnahmen von der belgischen Grenze zeigen, auch der Eifelaner sieht den Kontakt zu den Nachbarn als ganz natürlich an.

←↓ EIFELKREIS BITBURG-PRÜM is a place of borders, too. Yet these political lines of separation are of lesser importance to the local population than one might think. The Eifelaner consider the exchange with their neighbors from beyond the barriers to be quite natural. Just as nature does, as these pictures from the Belgian border prove.

← DER WESTWALL hatte für das Dritte Reich nicht nur militärische Bedeutung, sondern diente auch als Propagandamittel. Das Bild zeigt einen Bunker nahe Eschfeld. Dieses Gelände dient heute als Kreuzweg.

← THE WESTWALL or Siegfried Line was not only a military tool during the Third Reich, but had propaganda relevance, too. The picture shows a bunker near Eschfeld. This area is now part of a Way of Sorrows.

MEHRFACH GERIET das Dorf Großkampenberg in die Wirren des Zweiten Weltkriegs. Historische Gebäude fielen der Zerstörung anheim. Die Überreste des Westwalls sind der Region bis heute ein Mahnmal für den Frieden. →

THE SECOND WORLD WAR came more than once to Grosskampenberg, and almost no historic buildings survived. The remains of the Siegfried Line serve as a monument for peace. →

← DIE CHARAKTERISTISCHE Höckerlinie des Westwalls ist bei Großkampenberg besonders gut erkennbar.

← THE DISTINCTIVE RIDGES of the Siegfried Line can be seen near Grosskampenberg.

BLICK über Großkampenberg. ↓↓

GROSSKAMPENBERG and beyond. ↓↓

↑↑ WAXWEILER im Nebelkleid. Der Legende nach hat in dieser Gemeinde die Echternacher Springprozession ihren Ursprung.

↑↑ WAXWEILER in the fog. According to an old legend, the dancing procession of Echternach started right here.

AUCH STEINBRÜCHE wie dieser nahe Waxweiler gehören zum Bild der Eifel. ↓

STONE QUARRIES like the one near Waxweiler are a part of the Eifel's face. ↓

BEIM GRENZNAHEN MAUEL windet sich die Prüm in ihrem Flussbett durch den Eifelkreis. ↓

IN MAUEL, close to the borders, one can visit the river bends of the Prüm. ↓

← IN UND UM Arzfeld, dem Sitz der gleichnamigen Verbandsgemeinde, lassen sich viele Kulturdenkmäler der Region besichtigen.

← IN AND NEAR Arzfeld, seat of the Verbandsgemeinde of the same name, one can find many regional cultural monuments.

BRANDSCHEID MIT der St.-Kornelius-Kirche im spätgotischen Stil. Im Hintergrund ist auch die Nachbargemeinde Bleialf zu erkennen. ↓

BRANDSCHEID WITH its St. Kornelius church that was build in neo-Gothic style. In the background we see neighbouring village Bleialf. ↓

← AM RAND Daleidens befindet sich der Ehrenfriedhof für die Gefallenen des Zweiten Weltkriegs. Er ist der größte seiner Art in Rheinland-Pfalz.

← THE WAR CEMETERY near Daleiden honors the victims of World War II. It is the biggest of its kind in Rhineland-Palatinate.

VON IHREM HÜGEL aus blickt die Burgruine Dasburg über das gleichnamige Dorf und seine Umgebung. →

SITTING ON its natural hill, the ruin of the Dasburg looks over the village and the neighboring fields and forests. →

← »GINSTERHEIDE IM IRSENTAL« gilt als kleinster Naturpark Deutschlands.

← GERMANY'S smallest natural park: "Ginsterheide im Irsental."

PREISCHEID UND der Blick zu den Nachbarn jenseits der Grenze zu Luxemburg. ↓↓

FROM ABOVE Preischeid one can see straight into the Grand Duchy of Luxembourg. ↓↓

VERWINKELTE GÄSSCHEN und pittoreske Häuser sind typisch für das Ortsbild Neuerburgs. Auf einem Bergsporn oberhalb des Ortskerns thront die Neuerburg selbst. →

WINDING ALLEYS and picturesque little houses are typical for Neuerburg. The castle itself sits above the historical heart of the town. →

NEUERBURG im Tal der Enz, umgeben von Bergen aus Schieferfels. ↓

NEUERBURG, situated in the valley of the Enz, is surrounded by slate mountains. ↓

DIE IMPOSANTE Neuerburg stammt aus dem Hochmittelalter, vermutlich dem 12. Jahrhundert. Heute steht das Burgtor insbesondere jungen Gästen offen, dienen Teile der Anlage doch als Jugendherberge. ↓

IMPRESSIVE NEUERBURG dates back to medieval times, probably to the 12th century. Today, the gates of the castle are wide open – especially for young guests, who can stay at the castle's own youth hostel. ↓

DAS EHEMALIGE LEHNSHAUS der Neuerburg wurde im siebzehnten Jahrhundert errichtet und dient heute als Pfarrhaus. ↓

FORMER "LEHNSHAUS" of Neuerburg was build in the 17th century and serves as a rectory today. ↓

← ÜBER RODERSHAUSEN mit seiner St. Jakobus dem Älteren geweihten Kirche blicken wir tief in den Eifelkreis hinein.

← FROM ABOVE RODERSHAUSEN with its church dedicated to James the Greater we can see far into the Eifelkreis.

EINEN STEINWURF von der Luxemburger Grenze entfernt, befindet sich dieser Campingplatz bei Affler. Auch für Camper ist die wunderschöne Region ein ideales Ausflugsziel. ↓

A STONE'S THROW from the border with Luxembourg away, we find this camping site near Affler. The beautiful Eifel is an ideal destination for camping fans. ↓

MALERISCHES OURTAL. Der Fluss Our entspringt in Belgien und markiert in seinem Verlauf zeitweise die Grenze der beiden Nachbarstaaten. ↓

SCENIC VALLEY of the Our. This river rises in Belgium and partially marks the border between the two neighbouring countries. ↓

VON DICHTEM WALD geschützt, blickt die Burgruine bei Waldhof-Falkenstein ins Tal der Our. Die Burg kann über einen schmalen Weg erreicht werden und befindet sich in Privatbesitz. ↓

PROTECTED BY thick forests, the castle ruins of Waldhof-Falkenstein look into the valley of the Our. A narrow path leads up to the castle, which is in private hands. ↓

AUCH NACHBARN haben schöne Burgen, wie diese im luxemburgischen Vianden beweist. Sie entstand zwischen dem 11. und 14. Jahrhundert.

OUR NEIGHBORS have beautiful castles, too. Take this one of Vianden, Luxembourg, for example. It was built over many centuries.

SONNENLICHT SPIEGELT sich auf dem künstlichen Stausee des Nikolausberges im grenznahen Vianden, Luxemburg. →

SUNSHINE is reflected in the water of Mount Saint Nicholas Reservoir near Vianden, Luxembourg. →

SCHLOSS KEWENIG in Körperichs Ortsteil Niedersgegen zählt zu den ältesten Gutshäusern des Eifelkreises und ist von beeindruckenden Parkanlagen umgeben. ↓

SCHLOSS KEWENIG in Niedersgegen, a part of Körperich, counts among the oldest mansions of the Eifelkreis. It is surrounded by impressive gardens. ↓

HOMMERDINGEN
und Umgebung am frühen Morgen. ↓

HOMMERDINGEN
and neighbours, early in the morning. ↓

←↙ SCHLOSS WEILERBACH in Bollendorf gilt als architektonisches Juwel und ist ein beeindruckender Beweis für die historisch engen Bande zwischen der Region und ihrem Nachbarn Luxemburg. Kunsthistoriker, Anwohner und Touristen sind gleichermaßen von ihm angezogen.

←↙ SCHLOSS WEILERBACH in Bollendorf is an architectural gem and impressive proof of the historic ties between the region and its neighbor Luxembourg. Researchers, locals and tourists visit the place with shared interest and fascination.

BOLLENDORF LIEGT am Grenzfluss Sauer, nur einen Spaziergang über die Brücke von Luxemburg (Bollendorferbrück) entfernt. →

BOLLENDORF IS located on the left bank of the Sauer, just across the river from Luxembourgian Bollendorf-Pont. →

DIE EHEMALIGE GLASHÜTTE in Utscheid ist ein Beispiel für viele, nach Beginn der Neuzeit in dicht bewaldeten Gebieten entstandene, Glas produzierende Betriebe. ↓

FORMER GLASHÜTTE UTSCHEID is an example for many glass producing enterprises that were founded in densely forested areas after the middle ages. ↓

DER EINSTIGE WASSERTURM im Utscheider Ortsteil Buscht ist sechzehn Meter hoch und aus Sandstein gemauert. In dem heute bewohnten Gebäude finden gelegentlich auch kulturelle Veranstaltungen statt. ↓

UTSCHEID-BUSCHT'S WATER tower is sixteen meters tall and is made of sandstone. The tower is occupied and sometimes serves as a stage for cultural events. ↓

DAS DORF FERSCHWEILER in der Verbandsgemeinde Irrel gibt dem Ferschweiler Plateau, einer Hochebene aus regionaltypischem Sandstein, seinen Namen. ↓

FERSCHWEILER in the Verbandsgemeinde Irrel is the name giver for the Ferschweiler Plateau, a geological high plain made out of sandstone. ↓

DIE SCHANKWEILER Klause bei Schankweiler und Holsthum versteckt sich im dichten Wald, ist aber eine oft besuchte Wallfahrtskapelle und der Gottesmutter gewidmet. ↓

SCHANKWEILER KLAUSE (hermitage) near Schankweiler and Holsthum seems to hide in the forest, but this chapel is heavily frequented by pilgrims seeking the help of Holy Mary. ↓

OBSTBAUMBLÜTE IN HOLSTHUM. In dieser Gemeinde fließt die Enz in die Prüm. ↓

HOLSTHUM'S FRUIT-BEARING trees are in full bloom. The river Enz ends its journey in Holsthum and joins the Prüm. ↓

DER HOLSTHUMER HOPFEN ist nicht nur ein Wahrzeichen der Region, sondern auch Teil des Ortswappens. ↓

HOLSTHUM'S HOPS are not only one of the regional landmarks, but also pictured on the town's coat of arms. ↓

DIE RUINE der mittelalterlichen Prümerburg liegt auf einem Sandsteinfelsen nahe Prümzurlay und kann ganzjährig besichtigt werden. ↓

THE RUINS of medieval Prümerburg near the village of Prümzurlay can be visited all year long. ↓

NEBEL und bunte Wälder nahe Irrel, Ernzen und Prümzurlay. →

FOG and colorful trees near Irrel, Ernzen and Prümzurlay. →

← AUS DER LUFT betrachtet, wirken Echternacherbrück und das luxemburgische Echternach fast wie eine einzige Ortschaft. Einzig die gewundene Sauer erinnert an die Landesgrenze zwischen beiden Gemeinden.

← SEEN FROM ABOVE, Echternacherbrück and Luxembourgian Echternach seem to be one town. The Sauer river reminds us of the border between the two municipalities.

IM HERZEN ECHTERNACHS liegen Klosteranlage und Basilika. Nicht nur zur Springprozession erweisen sie sich alljährlich als Touristenmagnet. ↓

ECHTERNACH'S FORMER MONASTERY and basilica are two tourist magnets, and not only during the annual dancing procession. ↓

NATURRAUM EIFELKREIS: Schafe grasen friedlich auf einer Streuobstwiese in der Verbandsgemeinde Irrel. ↓↓

NATURAL HABITAT EIFELKREIS: A flock of sheep, grazing in an orchard in Verbandsgemeinde Irrel. ↓↓

DER ERNZENER SANDSTEIN wird seit Jahrhunderten abgebaut.

ERNZEN'S NATURAL reserves of sandstone.

INMITTEN DES Waldes bei Enzen gelegen, bietet das Naturparkzentrum Teufelsschlucht seinen Besuchern die Chance, die Vielfalt der Eifellandschaft zu erleben.

SITUATED IN the midsts of Enzens forests, Naturparkzentrum Teufelsschlucht offers visitors the chance to experience the diversity of the regional landscape.

IRREL am Ufer der Prüm.

IRREL on the banks of the river Prüm.

↑↑ WUNDERSCHÖNES KYLLTAL. Dichter Nebel hängt noch über dem Fluss, doch Metterich stellt sich bereits dem beginnenden Tag.

↑↑ BEAUTIFUL KYLL VALLEY. Dense fog still clouds the river, but Metterich is ready for the new day.

DAS MALERISCHE SPEICHER erwacht. Schon von weitem erkennt man die Ende des neunzehnten Jahrhunderts vom Trierer Dombaumeister Reinhold Wirtz errichtete Katholische Pfarrkirche St. Philippus & Jakobus. ↓→

PICTURESQUE SPEICHER awakens. The catholic parish church St. Philippus & Jakobus, clearly visible from afar, was built by Reinhold Wirtz of Trier near the end of the 19th century. ↓→

↑↑ BEREIT FÜR den Landeanflug! Im Himmel über Spangdahlem sind Anblicke wie dieser keine Seltenheit.

↑↑ READY FOR the final descent! Sights like this one are common in the skies above Spangdahlem.

SPANGDAHLEM war bereits zur Römerzeit besiedelt. Die nahe Air Base ist eine Einrichtung der US-Luftwaffe und wurde 1953 eröffnet. ↓

SPANGDAHLEM was already a settlement during the days of the Romans. The nearby Air Base of the United States Air Force was opened in 1953. ↓

DIE GEMEINDEN Binsfeld und Spangdahlem flankieren die Air Base. ↓

BINSFELD AND Spangdahlem keep the Air Base company. ↓

DER EIFELKREIS als Industriestandort, hier zwischen Binsfeld und Niederkail. ↓

INDUSTRIAL EIFELKREIS. Local enterprise between Binsfeld and Niederkail. ↓

DAS HOFGUT PFALZKYLL nahe Röhl ist ein ehemaliges Gut der Abtei Himmerod. ↓

HOFGUT PFALZKYLL near Röhl is a former part of Himmerod Abbey. ↓

AUCH TYPISCH EIFEL: der Rettungshubschrauber Christoph 10 im Einsatz. Er wird von der ADAC Luftrettung betrieben und ist in Wittlich stationiert. ↓↓

THE FLYING DOCTORS of Christoph 10. The helicopter is property of ADAC Luftrettung and stationed in Wittlich. ↓↓

ADAC

↑↑ DIE ORTSCHAFT Badem verdankt ihren Namen angeblich einem Franken. Bado, so sein Name, ließ sich um 500 vor Christus in der Gegend nieder.

↑↑ THEY SAY Badem owes its name to a man from Franconia called Bado, who settled there five hundred years before Christ.

← WINTERLICHES SEINSFELD mit der Pfarrkirche St. Dionysius.

← SEINSFELD with parish church St. Dionysius in winter.

BURG SEINSFELD, von Bäumen umringt, ist eng mit der Dorfgeschichte verknüpft. ↓

SEINSFELD CASTLE surrounded by trees. Town and castle share a long history. ↓

UNSCHWER ZU erkennen, liegt die Gemeinde Neidenbach in der sogenannten Kyllburger Waldeifel. Jahrzehntelang war der Ort für seine Sandsteingewinnung bekannt. →

NEIDENBACH IS situated in the Kyllburger Waldeifel (Forest Eifel), as one can see. For many decades, the town was known for its sandstone. →

DAS HAUPTSÄCHLICH landwirtschaftlich geprägte Steinborn in der Verbandsgemeinde Kyllburg ragt aus einem Meer an eifeltypischen Feldern heraus. ↓

STEINBORN, A municipality in Verbandsgemeinde Kyllburg with lots of farming, is surrounded by fields. ↓

EIN BLICK auf den nördlichen Rand der Waldeifel zeigt uns Neustraßburg, Balesfeld und Burbach mit der Golfanlage Lietzenhof. ↓

LOOKING AT the northern border of the Waldeifel, we find Neustraßburg, Balesfeld and Burbach with the Lietzenhof Golf Resort. ↓

DIE 645 METER lange Kylltalbrücke wurde zwischen 1995 und 1999 gebaut und ist Teilstück der Autobahn A 60. Jenseits des Waldes erkennen wir die Gemeinde Wilsecker. ↓↓

THE KYLLTAL BRIDGE was built between 1995 and 1999. It is 645 metres long and part of autobahn A 60. Beyond the trees we can see the town of Wilsecker. ↓↓

← DAS AN DER BAHNSTRECKE gelegene St. Thomas im Tal der Kyll ist nach dem Erzbischof von Canterbury Thomas Beckett benannt.

← ST. THOMAS in the valley of the Kyll. The town is named after Thomas Beckett, Archbishop of Canterbury.

DAS UM 1185 gegründete, ehemalige Zisterzienserinnen-Kloster St. Thomas dient heute als Exerzitienhaus des Bistums Trier. ↓

IN 1185 the local monastery was founded. Once it was inhabited by Cistercian nuns, today the Roman Catholic diocese of Trier uses the place as a retreat house. ↓

UMGEBEN VON den bewaldeten Hängen des Kylltals liegt das Dorf Malberg mit seinem beeindruckenden Barockschloss. ↓

IN THE MIDST of Kyll valleys hills and forests, we find Malberg with its impressive baroque castle. ↓

VIELES IN MALBERG ist denkmalgeschützt. Die katholische Pfarrkirche St. Quirin liegt im Herzen der Ortschaft und ist nur einen Katzensprung vom Schloss entfernt. ↓

MANY OF MALBERG'S buildings are considered landmarks. Catholic church St. Quirin can be found in the town's center, just a stone's throw away from the castle. ↓

BAUTEN AUS rotem Sandstein, romantisch gelegen in einer Schleife der Kyll. Die Stadt Kyllburg besitzt Charme. Schon von weitem erkennt man ihr Wahrzeichen, die Stiftskirche. ↓

HOUSES MADE of red sandstone, situated on the banks of the Kyll. Kyllburg is an alluring little city. Even from afar, one can see its landmark church. ↓

KYLLBURGS GOTISCHES Gotteshaus ist insbesondere für seine Renaissance-Fenster und den Kreuzgang bekannt. ↓

THIS PLACE of worship was build in gothic style and is known for its renaissance windows and the cloister. ↓

DAS BUCH UND SEINE AUTOREN

SVEN NIEDER, Jahrgang 1976, erlernte das klassische Fotografenhandwerk im Familienbetrieb, den schon sein Großvater im Herzen der Vulkaneifel gründete. 1999 begann er sein Studium an der Bielefelder Fachhochschule für Gestaltung. Seit seinem Diplom im Jahr 2004 mit dem Bildband »Santiago – eine Pilgerreise in Bildern der Camera Obscura« sind zahlreiche Bildbände von ihm erschienen. Sven Nieder lebt in Bielefeld und der Vulkaneifel und arbeitet weltweit als freier Fotograf, vornehmlich an Bildbänden, Reportagen und Kunstkonzepten.
WWW.SVEN-NIEDER.DE

CHRISTIAN HUMBERG wurde 1976 in Gerolstein geboren und wuchs am Ufer der Kyll auf. Nach einem Studium der Buch- und Literaturwissenschaft in der Landeshauptstadt Mainz machte sich der gelernte Journalist als freier Autor und Literaturübersetzer selbständig. Einige seiner vielen Romane und Sachbücher für Kinder und Erwachsene wurden bereits in fremde Sprachen übersetzt. Wenn er nicht am Schreibtisch sitzt, findet man Humberg auf Lesungen und in den Schreibseminaren, die er im Auftrag verschiedener Kultureinrichtungen leitet.
WWW.CHRISTIAN-HUMBERG.DE

THE BOOK AND ITS WRITERS

SVEN NIEDER was born in 1976 and learned his craft in the family's own business, founded in the heart of the Vulkaneifel by his grandfather. In 1999 he began his studies at Bielefelder Fachhochschule für Gestaltung. His final year project was published under the title "Santiago – eine Pilgerreise in Bildern der Camera Obscura" in 2004. Many books followed. Photographer Sven Nieder lives in Bielefeld and Vulkaneifel, but works all over the world – mostly on picture books, documentaries and art concepts.
WWW.SVEN-NIEDER.DE

CHRISTIAN HUMBERG was born in Gerolstein and grew up on the banks of the river Kyll. He studied literature and publishing at Johannes-Gutenberg Universität in Mainz, capital of Rhineland-Palatinate. Today, the trained journalist works as a writer and literary translator. Some of his novels and non-fiction titles have even been translated into foreign languages. Whenever he's not writing, Humberg can be found doing public readings or in the writing seminars he teaches at the request of several cultural institutions.
WWW.CHRISTIAN-HUMBERG.DE

IMPRESSUM

© Eifelbildverlag Hans Nieder, Daun 2013
Lindenstraße 11, 54550 Daun
Telefon: +49 6592 3642, info@eifelbildverlag.de
WWW.EIFELBILDVERLAG.DE

Fotografie: Sven Nieder,
Dominik Scheid (S. 27 / 32 / 64 / 68 / 138 / 150),
Ralph Pache (S. 154)
Text: Christian Humberg
Gestaltung: Björn Pollmeyer
Korrektorat: Thomas Kiper
Lektorat und Korrektorat englisch: Jane English

Druck: Hans Kock Buch- und Offsetdruck GmbH
WWW.KOCK-DRUCK.DE

FSC www.fsc.org MIX Papier aus verantwortungsvollen Quellen FSC® C022573

Ein solch anspruchsvolles Fotoprojekt ist nur mit der Hilfe vieler Unterstützer und Freunde zu realisieren. Wir danken hier besonders Fotostudios Nieder, Segelflugverein Vulkaneifel, Heinz Onnerts, Kreissparkasse Bitburg-Prüm, Volksbank Bitburg eG, Joachim Schend, Kreisverwaltung Bitburg-Prüm, den Verbandsbürgermeistern, Dr. Joachim Streit, Hilarius Esch, Detlef Kleintitschen, Edgar Kiewel, Airbase Spangdahlem, Iris Reiff, Karl Johaentges.

ISBN 978-3-9814113-1-7